# 中华

## 优秀传统文化

Youxiu Chuantong Wenhua

主编：马长俊　吴明渠

国际版·第六级

中国华侨出版社

·北京·

**图书在版编目（CIP）数据**

中华优秀传统文化：国际版. 第六级 / 马长俊，吴明渠主编. — 北京：中国华侨出版社，2021.5

ISBN 978-7-5113-8237-5

Ⅰ.①中… Ⅱ.①马… ②吴… Ⅲ.①中华文化—通俗读物 Ⅳ.①K203-49

中国版本图书馆CIP数据核字（2020）第 121217 号

●**中华优秀传统文化：国际版. 第六级**

主　　编 / 马长俊　吴明渠
**责任编辑** / 高文喆　桑梦娟
**封面设计** / 张雪梅
经　　销 / 新华书店
开　　本 / 787 毫米 × 1092 毫米　　1/16　　印张 / 6.5　　字数 / 68 千字
印　　刷 / 北京天正元印务有限公司
版　　次 / 2021 年 5 月第 1 版　　2021 年 5 月第 1 次印刷
书　　号 / ISBN 978-7-5113-8237-5
定　　价 / 28.00 元

中国华侨出版社　　北京市朝阳区西坝河东里77号楼底商5号　　邮编：100028
法律顾问：陈鹰律师事务所
发 行 部：（010）64443051　　传　真：（010）64439708
网　　址：www.oveaschin.com　　E-mail：oveaschin@sina.com

如发现印装质量问题，影响阅读，请与印刷厂联系调换。

## 丛书编委会

顾　　问：罗晓辉　　陈来安（马来西亚）

主　　编：吴明渠

副 主 编：袁文　　薛涓　　杨柳　　廖荣超　　吴天宇


## 本书编写组

主　　编：马长俊　　吴明渠

副 主 编：吴红雁　　李坤　　乔秀平　　吴洁

编写人员：孟艳艳　　刘云清　　陈勇　　任红　　叶体平　　徐然林

　　　　　　伍建强　　王宇　　曹珊　　高子涵　　高琴　　刘小畅

　　　　　　程妤潇　　刘蓉　　梁婷　　刘秀利　　杨秋洁　　冯琼仙

　　　　　　吉俄娜维　　王丹阳　　卢俊宇　　苏方勇（马来西亚）

绘　　图：彭丽　　张华林

# 前 言

中华文明是世界上最古老的文明之一，是人类历史上唯一一个绵延5000多年至今未曾中断的灿烂文明。为弘扬中华优秀传统文化，我们立足于海外读者的特殊情况和需要，精心选择内容、设计框架，编撰了"中华优秀传统文化·国际版"丛书，丛书具体有以下特点。

**一、体系新颖，内容全面**

整套丛书共六册。按难易程度划分为六个等级，一册书为一级。每册书又分为16章，每四章为一个主题。每章内容固定，包括"国学知识""美德故事""经典诵读""通关检测"四大版块。

1. 国学知识

了解是热爱的前提。我们在每一章给读者介绍一个或一类中华优秀传统文化的内容，具体包括中国风俗、风土、风景、风貌、物产、物品、人物、事件等。分为"神州大地""华夏名人""中华文明""九州风物"四个版块，包含了丰富有趣的传统文化知识，可以说是一个小小的中华优秀传统文化百科知识库。

2. 美德故事

中华传统美德是中华文化的重要内涵。中华文化中，尤其重视对人德行的培养。"德"是指意志品德，"行"是指言行举止。本套丛书中，我们从中华传统美德的内核中提炼出24个主题，每个主题分别安排四个有趣的故事，利用故事让读者潜移默化地感受和了解中华美德的魅力。

## 3. 经典诵读

在这个版块，我们选择适合海外读者诵读的、浅显且经典的诗文：第一级和第二级各有 16 首古诗。第三级为中国神话故事、寓言故事和历史典故。第四级为歇后语、谚语。第五级为《论语》名句积累，第六级为除《论语》以外的"四书五经"名句积累。这些内容将极大地丰富读者的中华文学经典积累。

## 4. 通关检测

通关检测则是对各章学习内容的一个检测，也是需要读者重点掌握的内容。

## 二、形式活泼多样，激发读者学习热情

### 1. 巧设评价，让学习有章可循

"通关检测"，设计了"猜一猜""填一填""连一连"等有趣的活动，对学过的知识进行复习回顾，实现迁移运用，把知识积累与能力培养相结合。

### 2. 增设故事、典故，增强阅读趣味性

故事，是大部分读者最喜欢的阅读形式，整套书有 100 多个有趣的小故事。大量的故事，增强了这套书的可读性、趣味性。

### 3. 抓住读者心理，设计温馨细节

这套书最大的一个亮点就是全书设计了 200 多个"剪贴板"，这些"剪贴板"既能对主体内容进行补充，又能更好地帮助读者理解内容。这些"剪贴板"形式多样，有提问，有方法，有总结，起到激发兴趣，促进学习的作用。

除了精美的插图，我们还温馨地设计了页码娃娃：单数页是男娃娃在左，双数页是女娃娃在右。契合了男单女双、男左女右的中华传统文化理念，活泼的形象更是受到孩子们的热烈欢迎。

　　此外，我们还在每册书最后增设了附录，补充了近 300 个各类传统文化知识，让学有余力的读者能获取更多的中华优秀传统文化知识，更加丰富读者的文化积淀。

　　中华优秀传统文化源远流长、博大精深，让中华文化走向世界舞台，促进世界多元文化交流互鉴，这是我们共同的心愿。

# 目　录

中华优秀传统文化·国际版·第六级

1

# 第一章

国学知识

神州大地

在中华大地上不仅有三山五岳、五湖四海等自然风光，还有名楼名桥名园等人文建筑。中国的园林建筑堪称凝固的艺术。中国有四大名园，分别是：拙政园、留园、颐和园、承德避暑山庄。

## 拙政园

拙政园位于苏州城东北部，占地78亩。拙政园是中国江南古典园林的代表、中国四大名园之一，也是苏州存在的最大的古典园林。全园以水为中心，山水萦绕，亭榭精美，花木繁茂，具有浓郁的江南水乡特色。花园分为东、中、西三部分，东花园开阔疏朗，中花园是全园精华所在，西花园建筑精美，各具特色。拙政园景色优美，为典型江南水乡建筑，园内许多建筑设施取名大多来自名作名句，如入园"兰雪堂"，取唐朝李白诗"独立天地间，清风洒兰雪"之意；"放眼亭"，取唐朝白居易诗"放眼看青山"……园林讲究移步换景，而拙政园是园林中的典型代表，这里凝聚了中华民族园林艺术的结晶。

中华优秀传统文化·国际版·第六级

# 留　园

　　留园，是苏州古典园林，位于苏州阊门外留园路 338 号，始建于明代，清代时称"寒碧山庄"。全园大致分四部分，东部以建筑为主，中部为山水花园，西部是土石相间的大假山，北部则是田园风光。

　　苏州留园代表清代园林风格，以园内建筑布置精巧、奇石众多而知名。去过留园的人都会被仙苑停云馆前那三块太湖石——冠云峰、岫云峰、瑞云峰所吸引，其中又以冠云峰最为有名。这三块太湖石奇美挺拔，宛如三个人站在那里一样，为人们展示天工奇巧，为留园增添了不少光彩，有"不出城郭而获山林之趣"。

**勤奋**就是努力干好一件事，不怕吃苦，踏实做事。
俗话说：勤能补拙。

美德故事

勤奋

# 王献之练字

　　王献之是王羲之的儿子，他的父亲很喜欢他。受到父亲的影响，他很小就学着父亲的样子坚持天天写字。

　　王献之的字有了长进，就有些飘飘然了。

　　一天，他写了很多字，其中一个"鹅"字漏掉一"点"，他没注意到就走出书房去干别的事了。父亲来书房查看他写的字，看见了这个疏漏，就顺手提笔将这一"点"补了上去。

　　不一会儿，王献之回到书房，拿着这些字请他的母亲点评。母亲仔细看了看，手指落在了那个"鹅"字的下边说道："字写得不错，但还透着稚嫩，这一'点'倒有你父亲的神韵。"

　　王献之进行一番仔细地比较，果然不同！他猛然想起这一"点"当初忘写了。他猜想是父亲给他补上的，脸马上就红了。从此再不敢骄傲自满，练字就更加刻苦了。

　　为了激励王献之持之以恒，王羲之指着放在院中的 18 口大水缸，说："你把这 18 口大缸里的水写完，你的字也就练得差不多了。"

　　王献之遵从父亲的嘱咐，坚持不懈地勤学苦练，写干了 18 缸水，终于攀登上了书法艺术的高峰。

　　在第二级我们了解了王羲之和王献之，知道了他们二人因为卓越的书法成就，被后人称为"二王"。

中华优秀传统文化·国际版·第六级

《大学》是儒家经典之一，与《论语》《孟子》《中庸》合称"四书"。《大学》原是《礼记》中的一篇，是中国古代讨论教育理论的重要著作，并被确立为"四书之首"。

★ 大学之道，在明明德，在亲民，在止于至善。

【译文】大学里所讲的圣王之道在于弘扬光明正大的品德，在于使人弃旧图新，在于使人达到最完善的道德境界。

★ 知止而后有定，定而后能静，静而后能安，安而后能虑，虑而后能得。

【译文】知道要达到的境界才能够志向坚定，志向坚定才能够内心宁静，内心宁静才能够安稳不躁动，安稳不躁动才能够思虑周详，思虑周详才能够有所收获。

这句话也启发我们，要有明确的志向，知道自己想要达到的目标，才能安下心来有所收获。

1.苏州园林中面积最大的古典山水园林是（　　）。

A.拙政园　　　B.留园　　　C.颐和园　　　D.寄畅园

2.留园的太湖石最为有名的是（　　）。

A.冠云峰　　　B.岫云峰　　　C.瑞云峰

3.尝试背诵本章的名句。

中华优秀传统文化：国际版·第六级

# 第二章

国学知识

**神州大地**

# 颐和园

颐和园位于北京市海淀区境内，与圆明园毗邻，占地290公顷，是中国四大名园之一。颐和园前身为乾隆皇帝为母亲修建的清漪园。它是以昆明湖、万寿山为基址，以杭州西湖为蓝本，汲取江南园林的设计特点而建成的一座大型山水园林。这座园林几乎集中了所有古代建筑的形式，其建筑规模之大，为其他皇家园林少有，被誉为"皇家园林博物馆"。

颐和园里有一座著名的玉带桥，该桥单孔净跨11.38米，矢高约7.5米，全部用玉石琢成，配有精制白石栏板，显得格外富丽堂皇。

中华优秀传统文化·国际版·第六级

# 承德避暑山庄

　　承德避暑山庄又名"承德离宫"或"热河行宫"，位于中国河北省承德市，是清代皇帝夏天避暑和处理政务的场所。

　　避暑山庄分宫殿区、湖泊区、平原区、山峦区四大部分，总面积达 564 万平方米。它的最大特色是山中有园、园中有山，大小建筑有 120 多组，其中康熙皇帝以 4 个字命名的 36 景，乾隆皇帝以 3 个字命名的 36 景，合称"避暑山庄 72 景"。

# 车胤囊萤

晋代的车胤自幼好学不倦，可是家境贫困，没钱买灯油，晚上就没办法读书。因此，到了晚上他只能背诵诗文。

一个夏夜，他在屋外诵书，忽然看到原野里如星星一样的萤火虫在空中飞舞。他突发奇想，萤火虫的光亮在黑夜里不正如灯一样吗？如果把萤火虫的光聚集起来，这样不就能够彻夜苦读了吗？想到这儿，他立即找来了纱网扎成一个小口袋，并将几十只萤火虫放在里面，果然聚集了微弱的光。

正是借着这微弱的光芒和坚持不懈地苦读，车胤学识日渐长进，最终学有所成。

晋代还有一个人叫孙康，因为家庭贫穷，冬夜便映雪光读书。车胤和孙康的故事合起来就叫"囊萤映雪"，比喻人勤学。

★ 是故，君子无所不用其极。

【译文】所以说，作为统治者，每时每刻都要尽一切努力去追求引导人民完善自己，努力达到"至善"的境界。

"君子"在儒学经典中：一是从道德上说，指具有高尚品德的人；二是从政治地位而言，指执政者及其政治思想代表。

★ 为人君，止于仁；为人臣，止于敬；为人子，止于孝；为人父，止于慈；与国人交，止于信。

【译文】做国君的，要做到仁爱；做臣子的，要做到恭敬；做子女的，要做到孝顺；做父母的，要做到慈爱；与他人交往，要做到讲信用。

1. 乾隆皇帝为母亲修建的园林就是后来的 （　　）。
   A. 拙政园　　　B. 留园　　　C. 颐和园　　　D. 寄畅园

2. 有"皇家园林博物馆"美誉的园林是（　　）。
   A. 拙政园　　　B. 留园　　　C. 颐和园　　　D. 寄畅园

3. 尝试背诵本章的名句。

# 第三章

中国建筑中，塔是特别有意思的一种建筑形式。最初的塔一般都与佛教有关。中国现存古塔以样式来区别有柱塔、雁塔、金刚宝座塔等；以建筑材料来区别有砖塔、木塔、石塔、玉塔、沙塔、泥塔、土塔、铁塔、铜塔、金塔、银塔、水晶塔等。

## 大雁塔

大雁塔位于今中国陕西省西安市大慈恩寺内，又名慈恩寺塔。这座塔和《西游记》里唐僧的原型玄奘法师有关。在唐永徽三年（652年），玄奘取经归来。玄奘法师为供奉从天竺带回的佛像、舍利和梵文经典，在长安慈恩寺的西塔院建造了一座砖塔。

大雁塔名字的由来极具传奇性。传说当年玄奘法师西天取经之时，在戈壁沙漠中的葫芦滩上迷了路。就在他为食物和水用完而发愁之际，天边飞来一大一小两只鸿雁，神雁将玄奘法师引出葫芦滩。玄奘法师成功从天竺取经回长安后，不忘大雁的恩情，将此塔命名为"大雁塔"。

西安不仅有大雁塔，它的不远处同期还修建了一座比它小一些的塔，取名为小雁塔，小雁塔也是为了安放玄奘法师带回的经书而修建的。

中华优秀传统文化·国际版·第六级

# 雷峰塔

雷峰塔又名皇妃塔、西关砖塔，位于中国浙江省会杭州西湖南岸夕照山的雷峰上。雷峰塔初建于977年，是吴越忠懿王钱俶为供奉佛螺髻发舍利而建。后来，因其所在的山峰叫"雷峰"，而逐渐被人们称为"雷峰塔"。

旧雷峰塔已于1924年倒塌，后重建，新建的雷峰塔为中国首座彩色铜雕宝塔。"雷峰夕照"为西湖十景之一。

中华优秀传统文化：国际版·第六级

在《白蛇传》中法海和尚骗许仙至金山，白娘子水漫金山救许仙，被法海镇压在雷峰塔下。后小青苦练法力，终于打败了法海，雷峰塔倒塌，白素贞获救。这是传说，现实中雷峰塔地宫挖掘的时候，没有看到白蛇，却挖出许多国家级珍宝文物！

# 凿壁偷光

西汉时有一个大学问家名叫匡衡。

他小时候就非常爱读书，可是家里很穷，买不起蜡烛，一到晚上就没有办法看书了。他常为此事发愁。一天晚上，匡衡无意中发现自家的墙壁似乎有一些亮光。他起床一看，原来是墙壁裂了缝，邻居家的烛光从裂缝处透了过来。匡衡立刻想出了一个办法。他找来一把凿子，将墙壁裂缝处凿出一个小孔。随即，一道烛光射了过来，匡衡借着这道烛光，认真地看起书来。以后的每天晚上，匡衡都靠着墙壁，借着邻居的烛光读书。正是因为匡衡的勤奋好学，他后来成了一个了不起的人。

中华优秀传统文化·国际版·第六级

唐代文学家、政治家韩愈曾说过一句名言："书山有路勤为径，学海无涯苦作舟。"很多读书人把这句话作为自己的座右铭。

《中庸》，儒家经典之一，相传为战国时子思所作，它和《大学》《论语》《孟子》合称为"四书"。

★ 道之不行也，我知之矣：知者过之，愚者不及也。

【译文】中庸之道不能实行的原因，我知道了：聪明的人做事超过了中庸的度，愚笨的人做事却又达不到中庸的标准。

★ 好学近乎知，力行近乎仁，知耻近乎勇。

【译文】喜欢学习就接近智慧了，努力行善就接近仁爱了，知道羞耻就接近勇敢了。

《中庸》主张处理事情适度得体，掌握最佳状态，做到恰到好处。

中华优秀传统文化：国际版·第六级

1. 陕西省西安市大慈恩寺内有一座慈恩寺塔，这就是著名的
（　　）。
A. 雷峰塔　　　B. 千寻塔　　　C. 大雁塔　　　D. 释迦塔

2. 中国首座彩色铜雕宝塔是（　　）。
A. 雷峰塔　　　B. 千寻塔　　　C. 大雁塔　　　D. 释迦塔

3. 尝试背诵本章的名句。

中华优秀传统文化：国际版·第六级

# 第四章

国学知识

神州大地

## 崇圣寺三塔

崇圣寺三塔位于中国云南大理古城西北部，西对苍山，东对洱海。三塔由一大两小三阁组成。大塔又名"千寻塔"，当地群众称它为"文笔塔"，为大理地区典型的空心四方形砖塔。

大理崇圣寺三塔已经历了1000多年的风风雨雨，是大理的标志和象征。其间，三塔经历过有资料可考的地震30多次，甚至经历了90多年前令"大理古城房屋几乎全部倒塌"的七级大地震，依然屹立在苍山洱海间，成为"永镇山川"的绝美景致，也成了大理人民的骄傲。

中华优秀传统文化·国际版·第六级

16

# 应县木塔

应县木塔即释迦塔，全称佛宫寺释迦塔，位于中国山西省朔州市应县城西北佛宫寺内，因塔身全是木质构件修建而成，所以俗称"应县木塔"。应县木塔建于辽代，是中国现存最高、最古老的一座木构塔式建筑。你知道吗？应县木塔全塔为纯木结构，在建造时竟然没有用一根钉子！因此，应县木塔与意大利比萨斜塔、巴黎埃菲尔铁塔并称"世界三大奇塔"。2016年，应县木塔获吉尼斯世界纪录认定为世界最高的木塔。塔内还供奉着两颗释迦牟尼佛牙舍利，非常珍贵！

传说玉皇大帝为了使木塔与岁月并存，便派火神爷和龙王爷分别送来了避火珠和避水珠。自此，木塔便可自行防火、防水，洪水到了塔前，便会绕过木塔向四面八方流去。这虽然是个传说，但足以说明木塔构造的精妙！

勤奋

# 韦编三绝

孔子年轻时候，读书很用功。当时读书人应学的"六艺"，也就是礼仪、音乐、射箭、驾车、识字、计算，他都很精通。

春秋时期，还没有发明纸。当时的书，主要是以竹子为材料制造的，把竹子破成一根根竹签，称为竹简，用火烘干后在上面写字。竹简有一定的长度和宽度，一根竹简只能写一行字，多则几十个，少则八九个。一部书必须用牢固的绳子把竹简编连起来才能阅读。

《周易》这本书文字艰涩，内容隐晦，是由许许多多竹简编连起来的，因此有相当的重量。孔子花了很大的精力，才把《周易》通读一遍，基本了解它的内容；之后读第二遍，掌握它的基本要点；接着，又读第三遍，对其中的精神、实质有了更透彻的理解。后来，为了给弟子讲解，他不知翻阅了多少遍。这样翻来覆去地读，把串联竹简的牛皮带子也给磨断了几次，不得不多次换上新地再使用。

根据孔子苦读《周易》的故事，后人引申出"韦编三绝"这句成语，形容勤奋读书、刻苦治学。

中华优秀传统文化·国际版·第六级

孔子被后人尊为孔圣人、至圣、至圣先师等，被评为"世界十大文化名人"之首。

★ 凡事预则立，不预则废。

【译文】任何事情，事先做好准备就会成功，没有准备就会失败。

★ 博学之，审问之，慎思之，明辨之，笃行之。

【译文】广泛学习，详细询问，周密思考，明确辨别，切实实行。

"博学，审问，慎思，明辨，笃行。"
这也是中国中山大学的校训哦！

**通关检测**

1. 经历了1000多年的风风雨雨，成为大理标志和象征的是（　　）。
A. 雷峰塔 　　 B. 千寻塔 　　 C. 大雁塔 　　 D. 释迦塔

2. 中国现存最高、最古老的一座木构塔式建筑是（　　）。
A. 雷峰塔 　　 B. 千寻塔 　　 C. 大雁塔 　　 D. 释迦塔

3. 尝试背诵本章的名句。

中华优秀传统文化·国际版·第六级

# 第五章

国学知识

华夏名人

　　中国古代历史有多长，战争史就几乎有多长。从炎黄二帝的阪泉之战开始，战争伴随着我们文明的进程，在这漫长的5000年里诞生了无数的名将。

## 吴　起

　　吴起，生活在距今2000多年前的战国时期，一生历仕鲁、魏、楚三国。他在担任魏国郡守时，秦国有个岗亭靠近魏国境内，这个岗亭会对魏国的种田人造成很大危害，但是又没有必要派遣军队攻打，于是吴起想动员百姓占领它。吴起在北门外放了一根车辕，然后下令说："谁能把车辕搬到南门外，就赏赐他上等田地、上等住宅。"起初没有人相信有这样的好事，也就没有人去搬它。直到最后有个人把车辕搬到南门，吴起立即按照命令行赏，人们这才相信

吴起言出必行。不久吴起又在东门外放了一筐红豆，下令说："谁能把红豆搬到西门，赏赐跟之前一样。"百姓们都争抢去搬。吴起看到时机成熟，于是下令："明天要攻打岗亭，能冲锋陷阵的，就任命他做官，赏赐上等田地和住宅。"百姓们争先恐后参战，一个早上就把岗亭攻占了。

　　后来，吴起把他行军布阵的计谋写成了《吴子兵法》。吴起率部队六战强秦，五胜一平，一生未尝败绩，是名副其实的常胜将军。

中华优秀传统文化：国际版·第六级

吴起具有完美的军事才能，而且他领军为将，能与士卒最下者同衣食，卧不设席，行不骑乘，自带粮食，与士卒同甘共苦。有一个士卒患了脓疮，吴起竟用口将其吸了出来。但是，当时他为了取得鲁国的信任，竟然杀死自己的妻子，这就是成语"杀妻求将"的来历。

# 白 起

白起，秦国人，战国时期杰出的军事家，"兵家"代表人物。白起熟知兵法，善于用兵，交好秦宣太后，辅佐秦昭襄王，屡立战功。伊阙之战，大破魏韩联军；伐楚之战，攻陷楚都郢城；长平之战，重创赵国主力。担任秦军主将 30 多年，攻城 70 余座，为秦国统一六国做出了巨大的贡献，受封为武安君。后来功高震主，得罪应侯，接连贬官。秦昭襄王五十年（公元前 257 年），被赐死于杜邮。

作为中国历史上继孙武、吴起之后又一个杰出的军事家，白起与廉颇、李牧、王翦并称为战国四大名将，名列武庙十哲。

节俭就是指生活俭省，有节制。节俭是持家之本，体现了对劳动者和自己的尊重，更是中华民族的传统美德。在物质生活富足的今天，我们也要懂得节俭哦！

# 朱元璋的四菜一汤

明朝皇帝朱元璋的故乡在凤阳，那里还流传着四菜一汤的歌谣："皇帝请客，四菜一汤。萝卜韭菜，着实甜香；小葱豆腐，意义深长。一清二白，贪官心慌。"据说，朱元璋给皇后过生日时，只用红萝卜、韭菜、青菜两碗，小葱豆腐汤宴请众官员。而且约法三章：今后不论谁摆宴席，最多只能四菜一汤，谁若违反，严惩不贷。

《孟子》是一部儒家经典，书中记载了战国时期思想家孟子及其弟子的治国思想和政治策略，是孟子和他的弟子所著。《孟子》在儒家典籍中占有很重要的地位，为"四书"之一。

★ 不以规矩，不成方圆。

【译文】不用圆规和曲尺，就不能正确地画出方形和圆形。

★ 权，然后知轻重；度，然后知长短。

【译文】称一称，才晓得轻重；量一量，才晓得长短。

这句话告诉我们，要想对事物做出正确的判断，必须先查明情况。

1. 把自己行军布阵的计谋写成了《吴子兵法》的是下面哪位
军事家？（    ）

A. 吴起　　B. 吴道子　　C. 吴广　　D. 吴承恩


2. 为秦国统一六国做出了巨大的贡献，受封为武安君的是下
面哪一位？（    ）

A. 吴起　　B. 白起　　C. 伍子胥　　D. 孙武


3. 尝试背诵本章的名句。

中华优秀传统文化：国际版·第六级

# 第六章

# 韩　信

　　韩信是西汉开国功臣、军事家，兵家四圣之一，汉初三杰之一，中国古代军事思想"兵权谋家"的代表人物，被后人奉为"兵仙""神帅"。韩信一生颇具戏剧性，后人戏称："成败一知己，生死两妇人。"这个"一知己"指萧何。韩信由于受过"胯下之辱"而一直被人所轻视，参军后在项羽手下不得志，改换门庭投到刘邦手下之后，早期也不受刘邦重用。韩信一气之下，骑马准备离开。非常赏识他的萧何月下追回韩信，极力说服刘邦，甚至以全家性命担保，终于让刘邦拜韩信为大将军，从而成就了韩信一世英名。但是后来又是这个知己把韩信骗到未央宫，使韩信被吕后杀害。后人叹息曰："成也萧何，败也萧何。"

　　"生死两妇人"中，两妇人指漂母和吕后。当年韩信江边钓鱼，曾受漂母赠饭之恩。后来韩信被萧何骗入未央宫被吕后杀死，并被灭了三族。

　　关于韩信的成语、典故、传说特别多。比如：胯下之辱、一饭千金、暗度陈仓、十面埋伏、多多益善等。

中华优秀传统文化·国际版·第六级

# 霍去病

霍去病，西汉名将、军事家，是中国历史上著名的民族英雄。霍去病用兵灵活，注重方略，不拘古法，善于长途奔袭、快速突袭和大迂回、大穿插、歼灭战。他17岁为票姚校尉，率领800骑兵深入大漠，两次功冠全军，封"冠军侯"。19岁时他两次指挥河西之战，歼灭和招降河西匈奴近10万人，俘匈奴祭天金人，直取祁连山。这是华夏政权第一次占领河西走廊，从此丝绸之路得以开辟。后来他又在漠北之战消灭匈奴左部主力7万余人，封狼居胥。

元狩六年（公元前117年）霍去病不幸去世，年仅24岁，陪葬于茂陵。

霍去病率领的骑兵部队后来逐渐取代了车兵，不仅可以长途奔袭、机动作战，还可以迂回突袭、灵活作战，成为军事史上"闪电战"的创始人。

# 兄弟节俭的故事

从前，有一个老农夫，临死之前为了让他的儿子们记住勤俭节约的美德，于是把"勤俭"两字分开，"勤"给了大儿子，"俭"给了二儿子。老农夫死后，大儿子虽勤恳工作，但不知道节俭，生活非常贫困。二儿子只知道节俭，而不知道勤恳工作，生活也很贫困。于是两兄弟决定把"勤""俭"两字合在一起，从此他们既"勤"又"俭"，终于过上了富裕的生活。

《朱子家训》是讲修身治家之道的家教名著，通篇意在劝人要勤俭持家。其中"一粥一饭，当思来之不易；半丝半缕，恒念物力维艰"更是流传至今。

中华优秀传统文化：国际版·第六级

经典诵读

名句积累

★ 生于忧患而死于安乐也。

【译文】忧愁患害足以使人生存，安逸快乐足以使人消亡。

这句话告诉我们：有时候逆境让人奋进，顺境让人丧失志向。我们这一级第九章要学的"卧薪尝胆"这个故事就是最好的证明。可以提前去读一读。

★ 老吾老，以及人之老；幼吾幼，以及人之幼。

【译文】尊敬自己的长辈，从而推广到尊敬别人的长辈；爱护自己的晚辈，从而推广到爱护别人的晚辈。

中华优秀传统文化·国际版·第六级

1.汉初三杰之一，被后人奉为"兵仙"的是（　　）。

A.孙武　　　B.孙膑　　　C.吴起　　　D.韩信

2.17岁为票姚校尉，率领800骑兵深入大漠大败匈奴的是（　　）。

A.韩信　　　B.卫青　　　C.李广　　　D.霍去病

3.尝试背诵本章的名句。

# 第七章

在中国漫长的历史中，除了无数名将保家卫国，还有许多名相为国家繁荣富强付出自己毕生的心血。

## 萧　何

萧何，早年任秦朝沛县县吏，秦末辅佐刘邦起义，史称"萧相国"。攻克咸阳后，他接收了秦丞相、御史府所藏的律令、图书，掌握了全国的山川险要、郡县户口，对日后制定政策和取得楚汉战争胜利起了重要作用。楚汉战争时，他留守关中，使关中成为汉军的巩固后方，不断地输送士卒粮饷支援作战，对刘邦战胜项羽、建立汉代起了重要作用。萧何重新制定律令制度《九章律》，后又协助刘邦消灭韩信、英布等异姓诸侯王。刘邦死后，他辅佐汉惠帝，于惠帝二年（公元前193年）去世，谥号"文终侯"。后来曹参接任萧何当了丞相，认为萧何制定的一切都很完美了，没有必要改动，所以一切公务悉照旧章。这就是成语"萧规曹随"的典故。

张良、萧何、韩信被后人称为"汉初三杰"。

# 陈 平

　　陈平，汉朝初期重要谋士之一，为刘邦建立汉朝立下汗马功劳，是西汉王朝的开国功臣之一；吕后死后又与太尉周勃匡扶汉室；到了汉文帝时，先任右丞相，之后任左丞相。

　　陈平小时候非常喜欢读书。秦二世元年（公元前 209 年），陈胜、吴广起义后，陈平投奔魏王咎。之后陈平归顺项羽，跟随他入关破秦。再后来，陈平降汉，拜为都尉，使参乘、典护军。在刘邦和项羽展开的楚汉战争中，多次向刘邦献计，还帮刘邦平定异姓王侯叛乱，成为汉高祖刘邦的重要谋士。

　　陈平年轻时主持割肉，他把祭肉分配得很均匀。父老乡亲们说："好，陈家孩子真会做分割祭肉的人！"陈平说："唉，假使让我陈平主宰天下，也会像这次分肉一样。"这就是"陈平分肉"的典故。

中华优秀传统文化·国际版·第六级

# 季文子的故事

季文子是春秋时期鲁国的贵族、著名的外交家，为官 30 多年。他一生俭朴，以节俭为生存的根本，并且要求家人也过俭朴的生活。他穿衣只求朴素整洁，除了朝服以外没有几件像样的衣服，每次外出，所乘坐的车马也极其简单。

见他如此节俭，有人就劝季文子说："你身为上卿，德高望重，但听说你在家里不准妻妾穿丝绸衣服，也不用粮食喂马。你自己也不注重容貌服饰，这样不是显得太寒酸，让别国的人笑话您吗？您为什么不改变一下这种生活方式呢？这于己于国都有好处，何乐而不为呢？"

季文子听后淡然一笑，对那人严肃地说："我也期望把家里布置得豪华典雅，但是看看我们国家的百姓，还有许多人吃着难以下咽的食物，穿着破旧不堪的衣服，想到这些，我怎能忍心去为自己添置家产呢？"

勤俭节约是古代士人修身养性的一种生活方式。诸葛亮就曾在《诫子书》中提道：夫君子之行，静以修身，俭以养德。非淡泊无以明志，非宁静无以致远。其中"俭以养德"即节俭可以培养自己的品德。

中华优秀传统文化·国际版·第六级

《诗经》是中国第一部诗歌总集。它最初的名字是《诗》或《诗三百》，西汉时被尊为儒家经典，始称《诗经》，并沿用至今。《诗经》共收录诗歌305篇，分为《风》《雅》《颂》三大部分。

★ 关关雎鸠，在河之洲。窈窕淑女，君子好逑。

——《诗经·国风·周南·关雎》

【译文】鱼鹰和鸣咕咕唱，在那河中沙洲上。美丽贤淑的姑娘，真是君子好对象。

★ 蒹葭苍苍，白露为霜。所谓伊人，在水一方。

——《诗经·国风·秦风·蒹葭》

【译文】河边芦苇青苍苍，晶莹露珠结成霜。所恋的那个心上人，正在河水那一方。

感兴趣的同学可以把整首《蒹葭》找来读一读，并听一听这首诗的演唱。

1. 下面哪一个不属于"汉初三杰"（　　）。

A. 张良　　B. 萧何　　C. 韩信　　D. 陈平

2. 下面哪一个不是汉初开国功臣？（　　）

A. 王莽　　B. 张良　　C. 陈平　　D. 韩信

3. 尝试背诵本章的名句。

中华优秀传统文化：国际版·第六级

# 第八章

国学知识
华夏名人

# 诸葛亮

诸葛亮，字孔明，号卧龙，琅琊阳都人，三国时期蜀汉丞相，杰出的政治家、军事家、外交家、文学家、书法家、发明家。早年随叔父诸葛玄到荆州，诸葛玄死后，诸葛亮就在隆中隐居。后刘备三顾茅庐请出诸葛亮，联合东吴孙权于赤壁之战大败曹军，形成三国鼎足之势。后来诸葛亮辅佐刘备夺占荆州、攻取益州、夺得汉中。蜀章武元年（公元221年），刘备在成都建立蜀汉政权，诸葛亮被任命为丞相，主持朝政。

后主刘禅继位后，诸葛亮被封为武乡侯，领益州牧，勤勉谨慎，大小政事必亲自处理，赏罚严明；与东吴联盟，改善和西南各族的关系；实行屯田政策，加强战备。前后北伐中原数次，多以粮尽无功。终因积劳成疾，于蜀建兴十二年（公元234年）病逝于五丈原（今陕西宝鸡市岐山境内），享年54岁。

中华优秀传统文化：国际版·第六级

诸葛亮聪明绝顶，发明了诸葛连弩、木牛流马、孔明灯；他口才了得，舌战群儒；他智谋超群，草船借箭、巧借荆州；他知识渊博，通晓天文，巧借东风；他文采出众，出师一表真名世，千载谁堪伯仲间；他一生忠诚，恪尽职守，最后"鞠躬尽瘁，死而后已"。

# 魏　徵

魏徵是唐代政治家、思想家、文学家和史学家，因直言进谏，辅佐唐太宗共同创建"贞观之治"的大业，成为"一代名相"。

唐太宗时常向大臣们询问自己治理国家得失，魏徵总是能指出他做得不好的地方。史书记载，魏徵当面向李世民提意见有50多次，写下的谏言多达数十万字，言辞激烈恳切，态度坚定，一点也不怕得罪皇帝。

后来，魏徵去世，李世民下诏厚葬魏徵，但魏徵的妻子说魏徵活着的时候生活简朴，豪华的葬礼一定不是他所期望的，于是用小车装载魏徵灵柩出殡。李世民召文武百官出城相送，并亲自刻书纪念魏徵的碑文。

唐太宗经常对身边的侍臣说："以铜镜作为镜子，可以端正自己的衣冠；以历史作为镜子，可以知道朝代的兴衰更替；以人作为镜子，可以看清自己的得失。我经常用这样的方式防止自己犯错，但现在魏徵去世，我就少了一面最重要的镜子。"

俗话说：忠言逆耳利于行。甜言蜜语固然好听，诚恳的建议却能让我们快速成长。

# 房梁挂钱

　　苏轼 21 岁中进士，前后做官 40 年。他过日子一直勤俭节约，精打细算。1080 年，苏轼被贬到黄州。由于薪俸减少许多，他穷得过不了日子。后来，在朋友的帮助下，找到一块田，便自己耕种起来。为了不乱花钱，他还制订了支出计划。他先把所有的钱计算出来，再分成 12 份，每月一份，每份又平均分成 30 小份，每天用一小份。钱全部分好后，悬挂在房梁上，每天清晨取下一包用作当天的生活开支；每次用钱还要权衡是否为必须购买的物品，每天只能剩余，不能超支；每次结余下来的钱就另存在一个竹筒里，以备不时之需。

★ 桃之夭夭，灼灼其华。

——《诗经·国风·周南·桃夭》

【译文】桃树蓓蕾缀满枝杈，鲜艳明丽一树桃花。

《桃夭》是一首贺新娘的诗，也即送新嫁娘诗。在新婚喜庆的日子里，伴娘送新娘出门，大家簇拥着新娘向新郎家走去，一路唱道："桃之夭夭，灼灼其华……"红灿灿的桃花比兴新娘的美丽容貌，娶到这样的姑娘，一家子怎不和顺美满呢？

★ 知我者，谓我心忧；不知我者，谓我何求。悠悠苍天，此何人哉？ ——《诗经·国风·王风·黍离》

【译文】了解我的人，说我心中忧愁；不了解我的人，以为我有什么要求。高远的苍天啊，何人害我离家出走？

中华优秀传统文化·国际版·第六级

通关检测

1. "鞠躬尽瘁，死而后已"说的是下面哪一位？（　　）

A. 刘备　　　B. 孙权　　　C. 周瑜　　　D. 诸葛亮

2. 辅佐唐太宗共同创建"贞观之治"的大业，成为"一代名相"的是（　　）。

A. 李靖　　　B. 魏徵　　　C. 张九龄　　　D. 诸葛亮

3. 尝试背诵本章的名句。

# 第九章

中华优秀传统文化：国际版·第六级

国学知识

中华文明

中国的礼仪文化源远流长，自古以来，中国就被誉为"礼仪之邦"。中国古代有"五礼"，即吉礼、凶礼、军礼、宾礼、嘉礼。其中，嘉礼和凶礼与老百姓的生活密切相关，传承延续了上千年。

## 洗 三

中国古代开始，为庆祝新生婴儿的诞生就有很多仪式。首先是洗三，洗三又叫"三朝洗儿"，是一个家庭庆贺"添丁进口"的仪式，是中国人认为比较重要的生命礼仪。婴儿出生后第三天举行洗浴庆贺，一般由福寿双全的老太太主持仪式为婴儿洗身，边洗边念祝福的喜歌。这个仪式的举行表示小孩子人生的开始。"洗三"的用意，一是洗涤污秽，消灾免难；二是祈祥求福，图个吉利。

在古代，人们非常重视洗三。现在呢，因为担心婴儿太小，所以洗三礼逐渐消失，人们更重视满月礼。而且现在很多人都不做洗三和满月，直接做百日宴，这时候的婴儿就更康健了。

# 抓　周

　　抓周起源于中国魏晋南北朝时期，是一种小孩周岁时的预卜婴儿前途的习俗，也是中国周岁礼中最普遍的风俗。当小孩周岁时，一般百姓家用茶盘摆放着《三字经》、毛笔、算盘、大葱、油果等，再由大人将小孩抱来端坐，任他挑选。如果先抓了文具，预示其长大后好学；如是先抓了算盘，预示其长大后将善于理财。这是一种预测宝宝前途的仪式，也是他们人生中第一个生日的庆祝方式，更是期望与趣味同在的风俗！

　　据说，中国近代著名学者钱锺书先生在周岁抓周时，抓了一本书，他的父亲便为他取名为"锺书"。有意思吧！

**知耻**，也就是知道羞愧和荣辱。知耻是自尊的重要表现，唯有知耻，才有自尊。

知 耻

# 卧薪尝胆

2000多年前，在长江下游有两个国家，一个是吴国，一个是越国。他们都想征服对方，使自己的国家强大起来。

会稽一战，越国打了败仗。越王勾践百般无奈，只好派人向吴王求和，表示愿意和夫人一起去吴国，给吴王当奴仆，请求吴王不要灭掉越国。吴王的谋臣们纷纷要求乘胜追击，灭掉越国，以除后患。得胜的吴王非常骄傲，不听大家的建议，答应了勾践的请求。

勾践夫妇来到了吴国，穿上粗布衣，住进石头房，给吴王养马驾车，舂米推磨，受尽屈辱。他们在吴国整整三年，才回到自己的祖国。回到祖国后，越王时刻不忘报仇雪恨。白天，他下田耕种；晚上，他睡在柴草上。他还在屋子里挂了一只苦胆，每顿饭前，总要先尝尝它的苦味，提醒自己不忘兵败的耻辱。

经过十多年的努力，越国终于转弱为强，出奇兵灭掉了吴国。

这个知耻而后勇的故事勉励着一代又一代的中国人。清朝作家蒲松龄就用这个典故写下著名的自勉联："有志者、事竟成，破釜沉舟，百二秦川终属楚；苦心人、天不负，卧薪尝胆，三千越甲可吞吴"

《尚书》是中国最古老的皇室文集，是中国第一部上古历史文件和部分追述古代事迹著作的汇编，它保存了商周特别是西周初期的一些重要史料。

★ 诗言志，歌永言。声依永，律和声。

【译文】诗是用来表达思想感情的，歌则借助语言把这种感情咏唱出来。歌唱的声音既要根据思想感情，也要符合音律。

★ 满招损，谦受益，时乃天道。

【译文】骄傲自满会招来损失，谦虚谨慎会受到补益，这就是自然规律。

这句话告诉我们，自满就容易容不下新的事物，容不下新的事物就容易拒绝进步，不进步自然就会落后。中国人对自满有很多感悟，比如：水满则溢，月满则亏；自满则败，自矜则愚。

1. 婴儿出生后第三天举行的仪式是（    ）。

A. 抓周    B. 洗三    C. 弥月    D. 试周

2. （    ）属于孩子的周岁礼。

A. 抓周    B. 洗三    C. 弥月    D. 百日

3. 尝试背诵本章的名句。

中华优秀传统文化·国际版·第六级

国学知识

中华文明

# 第十章

## 及笄

　　及笄是中国古代女子的成年礼，也叫既笄，在女子15岁时举行。具体的仪式是由女孩的家长替她把头发盘结起来，加上一根簪子，表示从此结束少女时代，可以嫁人了。在古代，女子行过笄礼之后，不仅要挽髻插笄，成年许嫁女子还要在发髻上缠缚一根五彩缨线。

从此以后，她的言行举止都要严加检点，在一般情况下，必须深居闺房，不能与外界接触。一直到成亲之日，才能由她的丈夫把这根缨线解下，表示她已经成为妇人，不再需要这种标志了。举行过笄礼的女子，不论其成婚与否，都可享受成人的待遇，甚至连去世之后的丧事，也可按成人的规矩办理。

　　古代女子不同年龄有不同的称呼：12岁为金钗之年，13岁为豆蔻年华，15岁为及笄之年，16岁为破瓜年华、碧玉年华，20岁为桃李年华，24岁为花信年华。

中华优秀传统文化·国际版·第六级

# 冠　礼

　　冠礼是华夏民族嘉礼的一种，是古代中国汉族男性的成年礼。冠礼表示男青年到了一定的年龄，可以结婚了，并从此作为氏族中的一位成年人，参加各项活动。按周制，男子 20 岁行冠礼。古代冠礼在宗庙祠堂里举行，择好吉日告知亲友。行礼时，主人、大宾和受冠者都穿礼服。冠礼具体的仪式是由受礼者在宗庙中将头发盘起来，戴上礼帽，还要由父亲或其他长辈、宾客在本名之外另起一个"字"。只有"冠而字"的男子，才具备择偶成婚的资格。

　　古人对年龄有特殊的称谓：30 岁为而立之年，40 岁为不惑之年，50 岁为知天命，60 岁为花甲，70 岁为古稀。

# 胯下之辱

韩信是中国古代著名的战神。韩信自幼失去父母，主要靠钓鱼换钱维持生活，屡屡遭到周围人的歧视和奚落。一位靠漂洗丝棉为生的善良老妇人，常常接济韩信。

一次，一群恶少当众羞辱韩信。其中一位屠夫嘲笑韩信："虽然你长得又高又大，喜欢带刀佩剑，其实胆子小得很！你敢用佩剑刺我吗？如果不敢，那就从我的胯下钻过去！"韩信自知自己一个人，硬拼肯定吃亏。于是，在一群围观者的嬉笑中，从那个屠夫的胯下钻了过去。史书上称"胯下之辱"。

韩信受到这样的侮辱，决定外出寻求功名，后来在萧何举荐下，投奔刘邦，成了一代战神。

很多人会认为韩信功成名就之时，定会杀死屠夫，但是出乎意料的是，韩信不但没杀那个屠夫，反而提拔他当了官。

中华优秀传统文化·国际版·第六级

★ 民惟邦本，本固邦宁。

【译文】人民是国家的根本，根本巩固了，国家才会安宁。

大禹之孙太康，因为没有德行，长期在外田猎不归，招致百姓反感，被后羿侵占了国都。他的母亲和五个弟弟被赶到洛河边，五个弟弟追述大禹的告诫而作《五子之歌》，表达怨恨与哀悔。这个典故告诉我们"水能载舟，亦能覆舟"的道理。得民心者得天下，失民心者失天下，这是颠扑不破的真理。

★ 树德务滋，除恶务本。

【译文】培植美好的德行，务求滋长；铲除邪恶，务求除根。

1. 及笄是中国古代女子的成年礼，一般在女子多少岁时举行？
（ ）

A. 18　　B. 17　　C. 16　　D. 15

2. 古代中国汉族男性的成年礼"冠礼"一般在男子多少岁时？（ ）

A. 22　　B. 21　　C. 20　　D. 19

3. 尝试背诵本章的名句。

# 第十一章

## 婚　娶

　　婚娶在中国古代被认为"将合二姓之好，上以事宗庙，而下以继后世"的头等大事。传统婚娶礼仪是中国民俗礼仪中最隆重、最热烈的礼仪。传统婚娶礼仪从周朝开始形成完整的"六礼"。这"六礼"是：纳采、问名、纳吉、纳征、请期、亲迎。

　　亲迎，就是迎娶，这是婚娶的最后一道程序。在迎娶阶段，女方要准备嫁妆。嫁妆多是成双成套的被褥、衣服、橱柜等。婚礼举行前的清晨，在各自的家中都要"上头"，即挑选有福气的老者为之梳头，同时说一些吉利的话。从迎娶到闹房，其间的仪礼丰富多彩，有开脸、上盖头、铺房、吃姐妹饭、迎新、拜堂、婚宴、闹房、回门等，是不是听起来觉得特别繁琐呢？

　　电视里我们总能看到古代结婚时拜堂的场景，拜堂时一般有三拜：一拜天地，二拜高堂，夫妻对拜。

中华优秀传统文化·国际版·第三级

# 张仪受笞

张仪是魏国人，在楚国令尹昭阳家中当门客。

楚王将一块名贵的玉璧赐给昭阳。昭阳担心被人偷走，就一直将它揣在怀中。

一次，他带着100多个宾客到赤山去玩。大家把酒临风，喝得醉醺醺时，几个客人一起请求昭阳将玉璧拿出来，让大家饱一下眼福。

昭阳很小心地把这无价之宝捧出来。大伙儿一个个传递观看，赞不绝口。就在此时，突然听见有人喊："潭中有大鱼跃起！"昭阳连忙跑过去看，其他宾客也纷纷靠过来看。正看得起劲时，忽然雷声轰轰，好像立即要下大雨了，昭阳就吩咐大家往回撤。

一阵混乱中，玉璧竟然不见了。谁也记不得刚才传到哪个人手中，乱了一阵子仍找不到。

有人说："张仪贫穷，品行鄙劣，一定是他偷去了您的玉璧。"昭阳十分愤怒，命人将张仪绑起来，竹鞭伺候。

张仪被打得奄奄一息，不过玉璧确实不是他偷的，拿什么交呢？当然誓死不承认。毒打一番后，昭阳一脚将他踢出大门。

张仪受辱后，离开楚国，投奔秦国。

之后，张仪发愤图强，立志做出一番轰轰烈烈的大事业。后来他一路做到秦的相国，他"连横"的策略瓦解了各国联盟，削弱了楚国势力，为秦国打败楚国埋下伏笔。

《礼记》是研究中国古代社会状况、典章制度和儒家思想的重要著作。《礼记》被列为"九经"之一，是古代读书人的必读之书。

★ 大道之行也，天下为公，选贤与能，讲信修睦。

——《礼记·礼运》

【译文】在大道施行的时候，天下是人们共有的，把品德高尚、能干的人选拔出来，（人人）讲求诚信，培养和睦。

★ 礼尚往来，往而不来，非礼也；来而不往，亦非礼也。

——《礼记·曲礼上》

【译文】礼崇尚往来。施人恩惠却收不到回报，是不合礼的；别人施恩惠于己，却没有报答，也不合礼。

中国人特别讲究"礼尚往来"的礼节。《诗经》里也有这样一句话：投我以木桃，报之以琼瑶。关于"礼尚往来"，还有一个有趣的典故：春秋时期，孔子开坛讲学，引起国人关注。有个人为此去看望孔子，孔子没见，这个人特地留下了一只烤乳猪，最终得到了孔子的回访。

通关检测

1. 中国传统婚娶礼仪"六礼"的最后一道程序是（　　）。
A. 纳采　　B. 问名　　C. 请期　　D. 亲迎

2. "合二姓之好"指的是中国古代的哪种礼仪？（　　）
A. 登基　　B. 冠礼　　C. 婚礼　　D. 丧礼

3. 尝试背诵本章的名句。

中华优秀传统文化：国际版·第六级

# 第十二章

国学知识

中华文明

# 丧　葬

人生百岁，终归尘土。古人非常重视丧葬，丧葬是中国凶礼中最隆重的礼仪。大致分为几个步骤：一是入殓：把死者装进棺材。又叫"入棺""入木""落材"，古称"大殓"。各地时间不一，有死后 3 天、5 天或 7 天入殓。二是出殡：指移棺到墓葬地或殡仪馆舍。出殡时，孝子孝孙要加穿粗麻衣、草鞋、系草绳，持孝杖棍，就是我们常常说的披麻戴孝。三是办丧事：对内亲要派专人报丧。亲朋好友要先送礼，再参加吊祭、送葬、吃饭。旧时安葬后，有的孝子还会昼夜在灵堂或坟前守护一段时间，俗称"守孝"。

在中国古代旧俗中，尊亲死后，要进行守孝，即在服满以前停止娱乐和交际，表示哀悼。

中华优秀传统文化·国际版·第六级

# 晏子使楚

晏子是齐国人，他代表齐国出使楚国。楚王知道晏子身材矮小，想要羞辱他，于是在大门旁边开了一道小门，让晏子从小门进入。晏子不进去，对接待的人说："到狗国才从狗洞进去，今天我来到楚国不能走狗洞。"迎接的人听完，赶紧打开大门让他进入。

楚王见到晏子后，挑衅地问："你们齐国没有人才了吗？派你来出使楚国？"晏子回答："齐国的都城临淄有千家万户，人们一起张开袖子，天就暗下来；一起挥洒汗水，就会汇成大雨；街上行人肩靠肩，脚尖碰脚后跟，怎么能说没有人呢？"楚王说："既然这样，怎么打发你来呢？"晏子回答说："齐国派遣使臣，不同的人去不同的国家。贤能的人被派出使到贤能的国王那里去，没出息的人被派遣出使到没出息的国王那里去。我晏婴是最没出息的人，所以只好出使到楚国来了。"

楚王设宴款待晏子。当酒喝到尽兴的时候，两个差吏绑着一个人从楚王面前走过。楚王说："绑着的人是干什么的？"差吏回答说："是齐国人，犯了偷盗的罪。"楚王看着晏子说："齐国人都善于偷盗吗？"晏子起身离开座位，回答说："大王怎么不知道吗？橘子长在淮河以南结出的果实又大又甜，长在淮河以北结出的果实就又酸又小。这是什么原因呢？是水土不同。百姓生活在齐国不偷盗，来到

楚国就偷盗，难道楚国的水土会使人民善于偷盗吗？"楚王笑着说：
"圣人是不可以同他开玩笑的，反倒是我自讨没趣罢了。"

　　晏子面对楚王的再三羞辱，不卑不亢，机智反驳，为自己和自己的国家赢得了尊严。

经典诵读

名句积累

　　★ 凡学之道，严师为难。师严然后道尊，道尊然后民知敬学。　　　　　　　　　　　　　　——《礼记·学记》

【译文】学问之道，尊敬老师是难能可贵的。老师受到尊敬，然后真理学问才会受到敬重。

　　★ 虽有佳肴，弗食不知其旨也；虽有至道，弗学不知其善也。　　　　　　　　　　　　　　　　——《礼记·学记》

【译文】尽管有味美可口的菜肴，不吃是不会知道它的美味的；尽管有高深完善的道理，不学习也不会了解它的好处。

　　中国宋朝大诗人陆游曾告诉自己的孩子："纸上得来终觉浅，绝知此事要躬行。"意思就是：从书本上得来的知识，毕竟是不够完善的。如果想要深入理解其中的道理，必须要亲自实践才行。

中华优秀传统文化：国际版·第六级

通关检测

1.下面哪一个不属于丧礼的步骤？（　　）

A.入殓　　　B.出殡　　　C.守孝　　　D.上头

2.在中国古代旧俗中，尊亲死后，要进行（　　）。

A.守孝　　　B.交际　　　C.冠礼　　　D.上头

3.尝试背诵本章的名句。

# 第十三章

中国有句俗话：民以食为天。中国传统餐饮文化历史悠久，菜肴在烹饪中产生了许多流派。让我们走进中国的八大菜系，去了解这些菜系背后的文化吧！

## 鲁 菜

鲁菜，是中国的八大菜系之一，起源于山东临淄和曲阜。它是中国传统四大菜系中唯一的自发型菜系，也是历史最悠久、技法最丰富、最见功力的菜系。

2500 年前，山东的儒家学派奠定了中国饮食注重精细、中和、

健康的审美取向。鲁菜以爆、炒、熘、炸见长，擅长用燕窝、鱼翅、人参等高档材料制作大菜。明清时期大量山东厨师和菜品进入宫廷，经典菜品有一品豆腐、三丝鱼翅、九转大肠等。

九转大肠

关于"九转大肠"有这样一个故事。据说清朝光绪年间，济南九华楼掌柜对"九"字有特殊爱好，酒楼的名厨高手做了一道烧大肠，众人品尝后赞不绝口，有一文士当即取名"九转大肠"，同座都问原因？他说："道家善炼丹，有九转仙丹，这道佳肴可与仙丹媲美。"从此"九转大肠"声誉日盛，流传至今。

# 川 菜

　　川菜就是四川菜肴，是中国传统的四大菜系之一、中国八大菜系之一，是中华料理集大成者。川菜取材广泛，调味多变。其特点是红味讲究麻、辣、鲜、香；白味口味多变，包含甜酸、卤香、怪味等多种口味。代表菜品有鱼香肉丝、宫保鸡丁、夫妻肺片、麻婆豆腐、回锅肉、辣子鸡等。川菜已经是世界菜谱了，全世界都可以看到川菜馆。四川省会成都市被联合国教科文组织授予世界"美食之都"的荣誉称号。

中华优秀传统文化：国际版·第六级

麻婆豆腐

　　关于"麻婆豆腐"有个传说。据说，清同治元年（1862年），成都有一家"陈兴盛饭铺"。可怜店主死得早，小饭店由老板娘经营，老板娘脸上有麻子，别人都叫她"陈麻婆"。陈麻婆特别擅长做豆腐，她做的豆腐远近闻名。所以后来这个小饭店干脆就改成"陈麻婆豆腐店"了。

慎独

"慎"就是小心谨慎、随时戒备；"独"就是独处、独自行事。所谓**"慎独"**，是指人们在独自活动无人监督的情况下，凭着高度自觉，按照一定的道德规范行动，而不做任何有违道德信念、做人原则之事。

# 梨虽无主，我心有主

　　元代大学者许衡一日外出，因为天气炎热，口渴难耐。正好路边有一棵梨树，行人们纷纷去摘梨解渴，只有许衡一个人不为所动。这时有人就问他："为什么你不摘梨呢？"他说："不是自己的梨，怎么可以随便乱摘呢？"那人就笑他迂腐："世道这么乱，管它是谁的梨。"他说："梨虽无主，我心有主。"

　　许衡在没有主人看见的情况下能做到不取一梨，这就是慎独。

　　慎独是个人风范的最高境界。好的德行养成，应该是一种自觉行为，不需要别人来约束自己，更不是为了做给别人看。

中华优秀传统文化：国际版·第六级

《易经》，也称《周易》，或简称《易》，是儒家经典。《易经》内容包括《经》和《传》两个部分，《易经》是中国最古老而深邃的一部经典，内容包罗万象，被推为"群经之首"。

★ 天行健，君子以自强不息。

【译文】天道的特点是永远不停地运动变化，谁也不能阻挡，君子要效法天道，自立自强，奋发向上，永不松懈。

★ 地势坤，君子以厚德载物。

【译文】大地的气势厚实和顺，君子应增厚美德，容载万物。

中国著名的高等学府清华大学的校训："自强不息，厚德载物。"就是引用《易经》里的这两句话。

1.中国八大菜系之一的鲁菜起源于（　　）。

A. 四川　　　B. 云南　　　C. 湖北　　　D. 山东

2.中国八大菜系之一的川菜起源于（　　）。

A. 四川　　　B. 云南　　　C. 湖北　　　D. 山东

3.尝试背诵本章的名句。

# 第十四章

国学知识

九州风物

# 粤　菜

中华优秀传统文化·国际版·第六级

　　粤是中国广东省的简称，粤菜就是广东菜。粤菜是中国八大菜系之一，发源于岭南。粤菜的做菜原料也是无奇不有。著名的菜品有白切鸡、烤乳猪、卤鹅肝、潮汕牛肉丸、梅菜扣肉等。

烤乳猪

　　粤式早茶是广东省早点小吃的统称，属于粤菜。以肠粉、叉烧包、虾饺、烧卖等为代表，也是粤菜的重要组成部分。喝茶有三种常见茶：铁观音、普洱、菊花。

# 苏 菜

　　苏菜就是江苏菜。苏菜是中国八大菜系之一。江苏为鱼米之乡，苏菜起源于 2000 多年前，擅长炖、焖、蒸、炒等方法，重视调汤，保持菜的原汁原味，风味清鲜，浓而不腻，淡而不薄，酥松脱骨而不失其形，滑嫩爽脆而不失其味。主要名菜有狮子头、荷包鲫鱼、松鼠鳜鱼、南京盐水鸭等。

狮子头

　　狮子头是由六成肥肉和四成瘦肉加上葱、姜、鸡蛋等配料斩成肉泥，做成拳头大小的肉丸，可清蒸可红烧，肥而不腻，味道鲜美诱人。

# 杨震暮夜却金

杨震是东汉名臣。一次他途经昌邑，曾受杨震提拔的昌邑县令王密半夜敲开他的房门，向他奉上黄金十斤以谢其提拔之恩。王密对杨震说："现在夜深人静没人知道，您就收下吧。"杨震严肃地回道："天知，神知，我知，你知，谁说没人知道！"于是，杨震态度决绝地把黄金退给了王密。

还记得第五级感恩故事"衔环报恩"里的杨宝吗？他就是杨震的父亲。

★**积善之家必有余庆；积不善之家必有余殃。**

【译文】长期做好事的家庭，福祉定会传到后代；长期不做好事的家庭，祸殃一定会害及子孙。

★**二人同心，其利断金。**

【译文】只要两个人一条心，就能发挥很大的力量。

一个家庭，夫妻二人如果能够同心同德，家庭就会幸福美满；一个公司，如果大家都能齐心协力，公司就会越做越大，事业兴旺；一个国家、民族如果能够团结一心，就能够繁荣昌盛。

1. 中国八大菜系之一的粤菜起源于（　　）。
A. 江苏　　B. 云南　　C. 广东　　D. 山东

2. 中国八大菜系之一的苏菜起源于（　　）。
A. 江苏　　B. 云南　　C. 广东　　D. 山东

3. 尝试背诵本章的名句。

# 第十五章

国学知识

九州风物

# 闽　菜

　　"闽"是福建的简称。闽菜是中国八大菜系之一，发源于福州。闽菜以福州菜为基础，后又融合闽东、闽南、闽西、闽北、莆仙五地风味菜形成。

佛跳墙

　　由于福建人民经常往来于海上，闽菜以烹制山珍海味而著称，在色香味形俱佳的基础上，尤以"香""味"见长。闽菜有三大特色，一长于红糟调味，二长于制汤，三长于使用糖醋。闽菜除招牌菜"佛跳墙"外，还有八宝红鲟饭、福州鱼丸、淡糟香螺片等，都别有风味。

　　佛跳墙通常选用鲍鱼、海参、鱼唇、牦牛皮胶、杏鲍菇、蹄筋、花菇、墨鱼、瑶柱、鹌鹑蛋等汇集到一起，加入高汤和福建老酒，文火煨制而成。材料以海鲜居多。成菜后，软嫩柔润，浓郁鲜香，荤而不腻，味中有味，是闽菜的招牌菜。

# 浙 菜

　　浙菜也叫浙江菜。浙江省位于中国东海之滨，素有鱼米之乡之称。这里山清水秀，物产丰富佳肴美，故谚曰："上有天堂，下有苏杭。"浙江水产资源丰富，有经济鱼类和贝壳水产品500余种，盛产山珍野味。浙菜主要由杭州、宁波、绍兴等地方菜发展而来，其特点是注意刀功，讲究鲜、脆、软、滑，保持原味。名菜有生爆虾仁、叫化童鸡、西湖醋鱼、龙井虾仁等。其实，浙菜与苏菜相似，所以经常合称为"江浙菜"。

东坡肉

　　传说苏东坡在杭州任知州的时候，组织民工疏浚西湖。杭州的百姓们为了感谢苏轼，送了很多猪肉和酒给他。苏东坡让人把肉切成方块，加入姜、葱、红糖、料酒、酱油等，用文火焖得香嫩酥烂，送给参加疏浚西湖的民工们吃。大家吃后觉得很好吃，就亲切地称这种做法的肉为"东坡肉"。

# 宫门蹔车

春秋时卫国里有个贤人，姓蘧名瑗，表字伯玉。

有一天晚上，卫灵公和他夫人南子一同坐在宫里，忽然听见有一辆车子过来的声音，辚辚地响，到了宫门口，就不响了。南子说："这辆车子上坐着的人，一定是蘧伯玉。"

卫灵公说："你怎么知道是他呢？"

南子说："从礼节上讲，做臣子的人，经过君上的宫门口，一定要下车，看见了君上驾路车的马，一定要行敬礼。这些都是表示着敬重君主的行为。凡是君子，不肯在没有人看见的地方，就放弃了他的品行。蘧伯玉是个贤人君子，他平日服侍君上很尽敬礼，这个人一定不会在别人看不见的地方就失了礼的。"

卫灵公差了个人去问，果然是蘧伯玉。

只有独处时方能看出一个人的品质与德行。可以说，慎独是提高修养与自我完善的必修课。

《春秋》是鲁国的编年史，孔子加以整理修订，后来被列为儒家"五经"之一。书中用于记事的语言极为简练，然而几乎每个句子都暗含褒贬之意，被后人称为"春秋笔法"。

由于《春秋》的记事过于简略，因而后来出现了很多对《春秋》记载的历史进行详细记录的"传"，较为有名的是被称为"春秋三传"的《左传》《公羊传》《谷梁传》。其中《左传》流传最广，下面选取的名句取自《春秋左氏传》（即《左传》）。

★ 多行不义，必自毙。

【译文】做多了不正义的事情，必然自取灭亡。

★ 爱子，教之以义方，弗纳于邪。

【译文】爱护自己的儿子，就应当从道义上去教导他，（使他）不要走上邪路。

怎样教育子女是千百年来人们一直探讨的话题。这句话告诉我们教育子女最基本的要求就是做好品德教育，应该教导子女遵守道德规范，让他们走正道。

通关检测

1.中国八大菜系之一的闽菜起源于（　　　）。

A. 福建　　　B. 浙江　　　C. 广东　　　D. 山东

2.中国八大菜系之一的浙菜起源于（　　　）。

A. 福建　　　B. 浙江　　　C. 广东　　　D. 山东

3.尝试背诵本章的名句。

# 第十六章

国学知识

九州风物

# 湘　菜

　　湖南简称"湘"，湘菜就是湖南菜。湘菜在长沙地区又被称为本味菜，是中国八大菜系之一，在汉朝就已形成菜系。湖南气候温和湿润，人们喜欢食用辣椒。湘菜制法上以煨、炖、腊、蒸、炒等见长。名菜有全家福、东安子鸡、剁椒鱼头等。

剁椒鱼头

　　湖南人也和四川人、贵州人一样喜欢吃辣。关于这三个省吃辣的程度，网上有这样一句话：四川人不怕辣，贵州人辣不怕，湖南人怕不辣。你觉得谁吃辣最厉害呢？

中华优秀传统文化·国际版·第六级

# 徽　菜

　　徽菜起源于南宋时期的古徽州，就是今天的安徽省黄山市，是中国八大菜系之一。它起源于秦汉，兴于唐宋，盛于明清。在清朝中、末期达到了鼎盛，一度居于八大菜系之首。徽菜的形成与江南古徽州独特的地理环境、人文环境、饮食习俗密切相关。绿树丛荫、沟壑纵横、气候宜人的徽州自然环境，为徽菜提供了取之不尽，用之不竭的原料。徽菜取料广泛，山珍海味具备，素有"三重"之称，即重油、重色、重火功。代表菜品有徽州毛豆腐、肥西母鸡汤、红烧臭鳜鱼等。

徽州毛豆腐

　　"肥西母鸡汤"是安徽合肥的传统经典名菜。相传，刘邦未称帝时常在哥嫂家混饭吃。有一年春天，家里没有什么吃的了，嫂子便把家里唯一的老母鸡杀了，刘邦十分感动。后来，刘邦当了皇帝，想起大嫂当年杀老母鸡招待他的恩情，便封大嫂的儿子刘信为羹颉侯。

# 一枚铜钱

清朝康熙年间，北京城里有一位叫范晓杰的秀才。这天，他到延寿寺街一个叫廉记书铺的店堂"淘"书。在柜台前，他看见一个少年掉了一枚铜钱。范晓杰环顾四周，悄悄把钱踩在脚下。

待少年离去后，范晓杰俯身拾起这枚铜钱，自以为做得不露痕迹。谁知他踩钱、拾钱的过程被店堂里一位正在喝茶的老翁尽收眼底。老翁走过来与范晓杰攀谈，问起他的身世。

后来，范晓杰到江苏常熟任县尉。正准备求见巡抚汤斌时，被门人传话告知不必上任了，他的名字已被写进被弹劾的奏章，被革职了。"我犯了什么罪？大人为什么弹劾我？"范晓杰丈二和尚——摸不着头脑。"贪钱！"门人正色道。"我还没上任，何来贪钱一说？一定是您弄错了。"范晓杰急忙申辩，一定要向汤大人当面澄清。

门人进去禀报，不一会儿又出来传达汤大人的话："范晓杰，你可曾记得当年延寿寺街廉记书铺的事？你当书生时尚且对一枚铜钱心生贪念，如今侥幸当上了地方官，以后能不绞尽脑汁贪污腐败吗？请你马上离开这里，不要为害一方百姓了。"

听到这里，范晓杰的脸倏地红了，这才恍然大悟：当

年书铺里遇见的那个老翁就是微服私访的巡抚大人汤斌。范晓杰后悔莫及，可是一切都晚了。

中国有几句关于"慎独"的俗语："人在做，天在看。""举头三尺有神明。""若要人不知，除非己莫为。"你怎样理解这几句话呢？

经典诵读

名句积累

★ **匹夫无罪，怀璧其罪。**

【译文】百姓没有罪，怀藏玉璧就是罪。

★ **欲加之罪，其无辞乎？**

【译文】想要给人加上罪名，还怕找不到借口吗？

中国宋朝时著名的抗金英雄岳飞被十二道"金字牌"召回后，在风波亭遇害。韩世忠责问秦桧岳飞的罪名时，秦桧回答了"莫须有"，莫须有即不需有。这便是欲加之罪，其无辞乎？

中华优秀传统文化：国际版·第六级

通关检测

1. 中国八大菜系之一的湘菜起源于（　　　）。
A. 福建　　　B. 浙江　　　C. 安徽　　　D. 湖南

2. 中国八大菜系之一的徽菜起源于（　　　）。
A. 福建　　　B. 浙江　　　C. 安徽　　　D. 湖南

3. 尝试背诵本章的名句。

## 中国传统文化小知识 汇总

# F 中国古代著名帝王
# Famous emperors in ancient China

## 封禅泰山

### ——秦始皇

秦始皇（公元前 259 年—前 210 年），嬴姓，赵氏，名政。13 岁继承王位，39 岁称皇帝，是中国历史上著名的政治家、战略家、改革家，首位完成华夏大一统的铁腕政治人物。建立首个多民族的中央集权国家，是古今中外第一个称皇帝的封建王朝君主。他要求书同文，车同轨，统一货币、度量衡。对外北击匈奴，南征百越，修筑万里长城，修筑灵渠，沟通水系，被后人誉为"千古一帝"。

## 高祖尽孝

### ——汉高祖

汉高祖刘邦是汉朝开国皇帝、汉民族和汉文化的伟大开拓者之一、中国历史上杰出的政治家。对汉族的发展以及中国的统一有突出贡献。刘邦是中国历史上第一位以孝治理天下的皇帝。关于刘邦的故事也很多，最著名的要数"鸿门宴"了，此外还有"沛公起兵""约法三章"等。刘邦不仅孝顺，而且知人善任，我们都知道他手下有"汉初三杰"。

中华优秀传统文化·国际版·第六级

# 文治武功
## ——汉武帝

汉武帝刘彻是西汉第七位皇帝，杰出的政治家、战略家、诗人。刘彻 16 岁登基，为巩固皇权，建立了"中朝"，在地方设置刺史，开创察举制选拔人才。文化上采用了董仲舒的建议，"罢黜百家，独尊儒术"。汉武帝时期攘夷拓土、国威远扬，东并朝鲜、南收百越、西征大宛、北破匈奴，奠定了汉地的基本范围；首开丝绸之路，首创年号，兴太学。汉武帝开创了西汉王朝最鼎盛繁荣的时期，那一时期亦是中国封建王朝第一个发展高峰。他的雄才大略、文治武功，使汉朝成为当时世界上最强大的国家。

# 开皇之治
## ——隋文帝

隋文帝杨坚是隋朝开国皇帝。杨坚在位期间，隋朝军事上攻灭陈国，成功地统一了严重分裂数百年的中国，击破突厥，被尊为"圣人可汗"；内政方面，开创先进的选官制度，发展文化经济，使中国成为盛世之国。开皇年间，隋朝疆域辽阔，人口达到 700 余万户，是中国农耕文明的辉煌时期。后人一般将隋文帝的大治誉为"开皇之治"。隋文帝在美国学者麦克·哈特 1978 年所著的《影响人类历史进程的 100 名人排行榜》中排行第 82 位。

中华优秀传统文化·国际版·第六级

80

# 贞观之治
## ——唐太宗

唐太宗李世民是唐高祖李渊和窦皇后的次子，唐朝第二位皇帝，杰出的政治家、战略家、军事家、诗人。李世民在唐朝的建立与统一过程中立下赫赫战功。唐朝建立后，他受封为秦国公，后晋封为秦王。公元626年7月2日，李世民发动玄武门之变，杀死自己的兄长太子李建成、四弟齐王李元吉及二人诸子，被立为皇太子。唐高祖李渊不久退位，李世民即位，改元贞观。李世民为帝之后，积极听取群臣的意见，以文治天下，虚心纳谏，厉行节约，劝课农桑，使百姓能够休养生息，以至国泰民安，开创了中国历史上著名的"贞观之治"。

# 一代女皇
## ——武则天

"曌"，是唐朝女皇武则天登基前一年为自己造的名字，意思是自己好像日、月一样崇高，凌挂于天空之上。武则天是中国历史上唯一的正统女皇帝。她14岁时进入后宫，为唐太宗才人，获赐号"武媚"。天授元年（690年），武则天称帝。武则天在位前后，大肆杀害唐朝宗室，兴起"酷吏政治"。但她"明察善断"，多权略，能用人。又奖励农桑，改革吏治，重视选拔人才，所以使贤才辈出。

# 开元盛世
## ——唐玄宗

唐朝在位时间最长，创造了"开元盛世"的皇帝是唐玄宗李隆基。

李隆基英俊多艺，仪表堂堂，从小就很有大志。为了纪念封禅泰山那次活动，李隆基还撰写了《纪泰山铭》一文，刻在山顶大观峰。开元年间，经过唐玄宗的励精图治，唐朝国力达到鼎盛，形成了"三年一上计，万国趋河洛"的盛世局面。此间，唐朝在各方面都达到了极高的水平，国力空前强盛，社会经济空前繁荣，这一时期被称为"开元盛世"。

# 杯酒释兵权
## ——宋太祖

宋太祖赵匡胤是后周世宗柴荣在位时的禁军最高统帅，后在"陈桥兵变"中"黄袍加身"被拥立为帝，国号"宋"，史称"宋朝""北宋"，是宋朝的开国皇帝。赵匡胤在位期间，依据宰相赵普的"先南后北、先易后难"的策略，完成了全国大部的统一。他两次"杯酒释兵权"，罢去禁军将领及地方藩镇的兵权，解决了自唐朝中叶以来地方节度使拥兵自重的局面。

中华优秀传统文化：国际版·第六级

# 世界的征服者
## ——成吉思汗

成吉思汗本名孛儿只斤·铁木真，是大蒙古国可汗。他统一了蒙古草原，先后有 40 多个国家、700 多个民族归附于蒙古帝国。据有关史料记载，当时蒙古国本土面积超过 2000 万平方千米，如果算上四大汗国领土面积超过 3000 万平方千米，基本包括西伯利亚全部和现今中国的全部领土，总计是现在中国版图的三倍之多。人们称成吉思汗为"世界的征服者"，是一位高瞻远瞩的统帅。

# 天命所归
## ——明太祖

明太祖朱元璋是明朝开国皇帝，年号洪武。朱元璋幼时贫穷，曾为地主放牛。后入皇觉寺做和尚，25 岁时参加郭子兴领导的红巾军反抗元朝。洪武元年（1368 年），即皇帝位于应天府。朱元璋在位期间，下令农民归耕，奖励垦荒；大搞移民屯田和军屯；组织各地农民兴修水利；大力提倡种植桑、麻、棉等经济作物和果木作物。他还徙富民，抑豪强，下令解放奴婢等。在他的统治下，经过洪武时期的努力，社会生产逐渐恢复和发展了，史称"洪武之治"。

## 康乾盛世
## ——康熙、乾隆

清朝最强盛的时代被称为"康乾盛世"，这源自两位皇帝康熙和乾隆。康熙帝 8 岁登基，14 岁亲政，在位 61 年，是中国历史上在位时间最长的皇帝。康熙少年时就挫败了权臣鳌拜，成年后先后平定三藩、收复台湾、亲征噶尔丹、保卫雅克萨，以尼布楚条约确保清王朝在黑龙江流域的领土控制。被后世学者尊为"千古一帝"。

乾隆皇帝是康熙的孙子，25 岁登基，在位 60 年，禅位后又任 3 年零 4 个月太上皇，实际行使国家最高权力长达 63 年零 4 个月，是中国历史上实际执掌国家最高权力时间最长的皇帝，也是中国历史上最长寿的皇帝。

# T十二生肖
## welve Chinese zodiac signs

## 十二时辰

古代劳动人民把一昼夜划分成十二个时段，每一个时段叫一个时辰，相当于今天的 2 小时。"夜半"称作子时；"鸡鸣"称作丑时；"平旦"称作寅时；"日出"称作卯时；"食时"称作辰时；"隅中"称作巳时；"日中"称作午时；"日昳"称作未时；"晡时"称作申时；"日入"称作酉时；"黄昏"称作戌时；"人定"称作亥时。

## 胆小如鼠

中国古代根据动物出没最频繁的时间和生活特征，将十二种动物作为十二生肖，即每一种动物为一个时辰。中国人将十二种动物分为阴阳两类，动物的阴与阳是按动物足趾的奇偶排定的。鼠前是四爪，偶数为阴，后足五爪，奇数为阳。子时的前半部分为前夜之阴，后半部分为当日之阳，正好用鼠来象征子时（即晚上 11 点至凌晨 1 点），所以叫"子鼠"。

## 力大如牛

牛有一个特点，就是能把吃进去的草料再吐回口内重新咀嚼一遍。凌晨 1 点至 3 点（即丑时），这时候牛吃足了草，会出现"反刍"的现象，此时最细、最慢、最舒适，所以丑时同牛搭配，又叫"丑牛"。中国人向来把牛作为吃苦耐劳的象征。民间谚语有"牛耕田马吃草"的说法。

# 虎虎生威

　　虎在凌晨3点至5点活动较为频繁，最活跃也最凶猛，伤人最凶。古人们常常在这个时间听到虎啸声，所以称为"寅虎"。对于老虎，人们一直褒贬不一，说它厉害的就是：虎虎生威，虎啸龙吟，卧虎藏龙，虎盘龙踞。对它颇有贬义就是：为虎作伥、虎视眈眈、养虎为患。

# 动如脱兔

　　兔子对应的时间是卯时即上午5点至7点，也是日出时分，太阳刚刚升起的时间，月亮的光辉还未隐退完全，兔子喜欢在这个时候出窝，食青草，所以叫"卯兔"。而且玉兔是月亮代称，是月宫神话中唯一的动物。兔子还有自己的"地盘"，它们将堆积在洞穴入口处的粪球作"界标"。

# 矫若惊龙

　　龙在十二地支中以"辰"为代表，称为"辰龙"。辰时指上午7点至9点，也是太阳光热增强时刻。所以，据说一般属龙的人都是性格坚毅、气宇轩昂、待人热情。

# 打草惊蛇

　　蛇又叫小龙。据说蛇是十二生肖中最顽强的属相，属蛇人一般具有神秘感。巳时指上午9点至11点，临近中午的时间。这个时候，大雾尽退，阳光明媚，蛇类会出洞捕猎，这样巳时就属于蛇的了，所以被称为"巳蛇"。

# 天马行空

传说古时的马有双翅，叫天马，它是玉帝殿前的御马。后来天马胡作非为，玉帝便下令削去天马双翅，压在昆仑山下。后来，人类的始祖——人祖从昆仑山经过，生出同情之心，救出天马。天马为了答谢人祖救命之恩，同人祖来到人世间，终生终世为人祖效劳。在十二时辰中，上午11点到下午1点为"午时"，马又称为"午马"。属马的人一般比较热情，对朋友也很忠诚。

# 跪乳之羊

下午1点至3点即"未时"，这一时辰与十二生肖中的羊对应，所以羊也叫"未羊"。民间还把羊比作孝子，因为有一句俗语叫"鸦有反哺之义，羊有跪乳之恩"。小羊羔为了感谢母羊的哺乳，是跪着吃奶的。

# 齐天大圣

"申时"属于下午3点至5点，是太阳下山时刻。这时候，猴子最喜欢啼叫，声音拉得最长最洪亮，所以申时属猴，称为"申猴"。"朝辞白帝彩云间，千里江陵一日还。两岸猿声啼不住，轻舟已过万重山。"李白在这里写猿啼是有道理的，这是和前一句的"朝"相照应，指到了下午四五点。

# 闻鸡起舞

"酉时"就是下午 5 点至 7 点，此时日落山岗，鸡进笼归窝，于是酉时叫"酉鸡"。鸡是人类最早驯养的动物，在距今 4000 多年前的龙山文化时期，就发现了家鸡的骨骼，而中国最早的甲骨文中也有"鸡"字。

# 忠诚的狗

晚上 7 点至 9 点即"戌时"，狗在黄昏时分会卧在门前，一有动静便开始叫。黑夜来临，狗看家守夜的警惕性最高，所以戌时属狗，叫"戌狗"。狗被誉为人类忠诚的朋友。属狗的人，据说比较正直、有胆力、热情、善良。

# 憨厚的猪

"亥时"是晚上 9 点至 11 点，这时候猪睡得最酣，发出的鼾声最响，全身肌肉抖动得最厉害且长肉最快，于是亥时属猪，所以叫作"亥猪"。属猪的人据说都勤劳质朴、不好争论、待人诚实，通常吉星高照哦。

中华优秀传统文化·国际版·第六级

# 中国传统礼仪用语
## Chinese traditional etiquette language

## 用 "令" 表示尊敬

"令" 用在名词或形容词前表示对别人亲属的尊敬，有 "美好" 的意思。如：

令尊：尊称别人的父亲。

令堂：尊称别人的母亲。

令郎（令子、令郎君、令嗣）：尊称别人的儿子。

令正（令阃、贤阁，尊夫人）：尊称别人的妻子。

令爱（令媛）：尊称别人的女儿。

令婿（令坦）：尊称别人的女婿。

令媳：尊称别人的儿媳。

令侄：尊称别人的侄儿。

## 用 "家" 和 "舍" 表示谦虚

古人称自己一方的亲属朋友常用谦词。

"家" 是跟别人称自己一方辈分高或年纪大的亲属时用的谦词，如：

父亲：家父、家尊、家严、家君；母亲：家母、家慈；

兄长：家兄；姐姐：家姐；叔叔：家叔。

"舍" 用以谦称自己的家或自己的卑幼亲属。

前者如：寒舍、敝舍。

后者如：舍弟：弟弟；舍妹：妹妹；舍侄：侄子；舍亲：亲戚。

# 用"老"和"小"表示谦虚

"老"人自谦时用老朽、老夫、老汉、老拙等。

用于谦称自己或与自己有关的事物。如：

老粗：谦称自己没有文化；

老脸：年老人指自己的面子；

老年妇女谦称自己为"老身"；

老和尚自称"老衲"；

老官员自称"老臣"。

"小"是谦称自己或与自己有关的人或事物。

男性在朋友或熟人之间谦称自己：小弟；

谦称自己的儿子：小儿；

谦称自己的女儿：小女；

地位低的人自称：小人；

谦称自己的商店：小店；

读书人的自谦词有小生、晚生、晚学等，表示自己是新学后辈。

# 用"拙"和"贫"表示谦虚

"拙"用于跟别人称自己的东西。

谦称自己的文字或书画：拙笔；

谦称自己的文章：拙著、拙作；

谦称自己的见解：拙见；

谦称自己的妻子：拙荆、贱内、内人。

"贫"是僧道、尼姑自谦之称。如：贫僧、贫道、贫尼。

# 常用客气语

请：有求于对方。

请问：请求对方解答问题。

赐教：请人给予指教。

高见（高论）：尊称对方的看法、见解。

贵姓（尊姓）：询问对方姓氏。

贵庚（芳龄）：询问对方年龄。

高寿（高龄）：用于问老年人的年龄。

尊府（府上、华居）：称对方的住处。

拜望：探望。　　拜访：访问。　　拜托：托人办事。

拜辞：告别。　　敬请：恭敬地请求。　　恭候：恭敬地等候。

雅正：把自己的诗文、书画、作品赠人时用此辞，表示请对方指教。

斧正（指正）：请人对自己的诗文、书画、作品加以修改、指教。

恕：请求别人谅解，不要计较。

有劳：用于拜托或答谢对方帮助做事。

相扰：打扰。　　　　　　难为：感谢对方的帮助。

久仰：敬仰思慕已久。　　久违：很久未见。

劳驾：用于请对方做某事。劳神：耗费精神。

借光：请人给予方便。　　包涵：请人宽容或原谅。

指教：敬请指教。　　　　失敬：责备自己礼貌不周。

失礼：自己感到礼貌不周。

失陪：表示因故而不能陪伴别人。

留步：请等一等或不必再送行。